Así es mi mundo

LOS MAYAS

por Patricia C. McKissack

Traductor: Roberto Franco
Consultante: Dr. Orlando Martinez-Miller

CHILDRENS PRESS ®

CHICAGO

El palacio en Palenque, México

FOTOGRAFIAS

Root Resources:
© Byron Crader—Portada, 2, 10, 40, 42
© Mary Root—20 (2 fotos), 28 (derecha)
© Lia E. Munson—24 (izquierda), 44 (derecha)

Odyssey Productions:
© Robert Frerck—6, 17, 18 (izquierda), 21, 22, 24 (derecha), 26, 27, 28 (izquierda), 32 (abajo), 35 (2 fotos), 44 (izquierda)

Nawrocki Stock Photo:
© D. Variakojis—8 (2 fotos), 13 (2 fotos), 14, 16, 18 (derecha), 31, 32 (2 fotos, arriba), 36, 39 (2 fotos), 43 (2 fotos), 45

Journalism Services Inc.
© Schulman—37

Len Meents—5

Library of Congress Cataloging in Publication Data

McKissack, Patricia, 1944-
   Los mayas.

   (Así es mi mundo)
   Incluye un índice.
   Resumen: Descripción de la historia, lengua, clases sociales, costumbres, cultura, religión y guerras de la civilización maya de la América Central.
   1. Mayas—Literatura juvenil. [1. Mayas.
2. Indios de la América Central] I Título.
F1435.M44   1985   972.8'01   85-9927
                   AACR2

CONTENIDO

INTRODUCCION

La civilización maya existía en lo que hoy es Belize, Guatemala, Honduras y El Salvador, en la América Central, así como en parte de México. La mayor parte del territorio maya era montañoso y estaba cubierto de bosques.

Gran parte de lo que sabemos acerca de los mayas proviene de los datos tomados por los españoles. Los españoles llegaron a la América Latina en 1511. Para

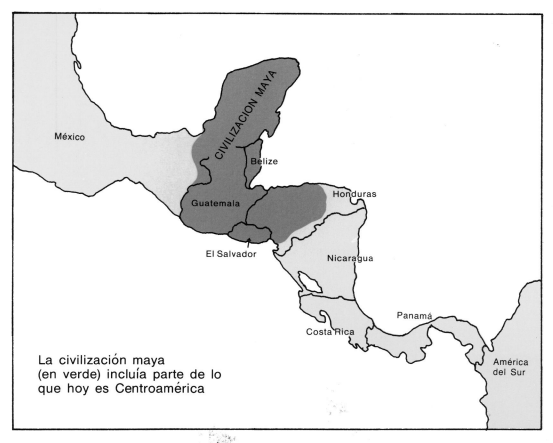

La civilización maya
(en verde) incluía parte de lo
que hoy es Centroamérica

entonces, la civilización
maya había existido por
1,100 años. Los mayas
llevaban sus propios anales,
pero la mayoría de éstos se
perdieron o fueron destruidos.

Ruinas de edificios y del templo de la ciudad maya de Palenque, México.

HISTORIA DE LOS MAYAS

No se sabe cuándo llegó a Centroamérica la gente que hablaba el idioma maya.
El período clásico de la historia maya comenzó, aproximadamente, en el año 320 d.C. Fue una época de paz, en que la ingeniería y la agricultura florecieron.

La ciudad maya más antigua que se conoce es Uaxactún situada en la región norte de Guatemala, y data del año 328 d.C.

Estos templos se construyeron en
Tikal, Guatemala, cerca del año 700 d.C.

Otras ciudades importantes
eran Copán, Tikal y Palenque.
Tikal y Palenque son famosas
por sus pirámides. Una de
las de Tikal mide más de 190
pies de altura.

Copán era un centro de
estudios. Estudiantes iban
allí a trabajar y a estudiar.

Las ciudades mayas de las tierras altas de Guatemala eran centros políticos y religiosos. La mayoría de la gente común vivía en pequeñas aldeas. Iban a las ciudades sólo por razones religiosas.

Se cree que su mala técnica en la agricultura causó que declinara esta cultura maya. La guerra, el hambre y los cambios del clima también contribuyeron a su decadencia. Para 889, las ciudades mayas estaban en ruinas.

Eso marcó el principio del

Ruinas de Chichén Itzá, en Yucatán. El Caracol
aparece al frente, el Castillo está a la izquierda
y el Templo de los Guerreros se ve a la derecha.
Chichén Itzá significa "boca de los pozos de Itzá".

período de Yucatán. La sede
del gobierno estaba entonces
en Chichén Itzá. Los mayas
se hicieron más belicosos.
Una serie de grupos que no
hablaban maya entraron en
su territorio. Estos forasteros
tuvieron una gran influencia
en la cultura maya.

Más tarde, en 1511, Gerónimo de Aguilar y unos pocos españoles desembarcaron en las costas mayas. Varios de ellos perdieron la vida. Aguilar se hizo amigo de uno de los caciques y recibió buen trato. Se casó con una mujer maya y aceptó las costumbres mayas. Se cree que Aguilar encabezó uno de los ejércitos mayas en la lucha contra Hernán Cortés, el conquistador español de México.

EL PUEBLO MAYA

Los mayas tenían distintas creencias y costumbres, pero todos hablaban la misma lengua. Un dialecto del idioma maya se habla todavía en Centroamérica. La antigua escritura maya empleaba más de ochocientos símbolos, pero muy pocos han sido traducidos.

La sociedad maya estaba formada por varios

La escritura maya empleaba símbolos. Se han traducido tan pocos de ellos, que los mensajes contenidos en estas columnas de piedra mayas siguen siendo un misterio.

grupos: la clase gobernante (nobleza), los sacerdotes, los artesanos, y la gente común y corriente. Nunca hubo un rey de todos los mayas. Los caciques locales formaban la clase gobernante.

Talladura de los
sacerdotes mayas

Los sacerdotes y la nobleza
vivían en las ciudades, en
palacios de paredes de estuco.
Los sacerdotes estaban
organizados en cuatro
grupos especiales. El sumo
sacerdote recibía el nombre
de *Ahau Kan Mai*. El conducía
ceremonias especiales y

educaba a los hijos de la nobleza.

Los "sacerdotes trabajadores", recibían el nombre de *Chilán*. Ellos estaban a cargo de los servicios religiosos diarios. También servían de doctores y ayudaban en la enseñanza. Los *Nacón* estaban a cargo de los sacrificios humanos y los *Chacs* les asistían.

Los artesanos estaban al servicio de la nobleza. Les ayudaban a construir sus casas y sus muebles.

Esta escultura de un gobernante, vestido en su traje ceremonial, fue descubierta en Copán, Honduras.

También les hacían la ropa, incluyendo sus magníficos trajes de plumas que vestían en ceremonias especiales.

La gente común incluía a campesinos, cazadores y

Los mayas cultivan maíz y frijol en el mismo campo.

soldados. Pero todos
trabajaban en los campos.
La cosecha principal era el
maíz, y cultivaban calabazas,
cacao, frijoles y algodón.
Los cazadores y pescadores
tenían que compartir sus
presas con la nobleza.

Estas cabezas talladas de piedra
son un recuerdo constante de
la civilización maya.

HOMBRES Y MUJERES MAYAS

Los hombres mayas llevaban
ropa sencilla de algodón. La
ropa de los nobles lucía
bordada de vistosos colores.

Los hombres usaban pulseras
de bronce y cobre en las
muñecas y en los tobillos.
Las pulseras de los nobles
eran de oro y plata. Otras
joyas eran unos adornos como
tapones, que se ponían en
las orejas y en la nariz.

Los hombres mayas se
quemaban el pelo para formar
una calva en la parte de
arriba de la cabeza. Usaban
el pelo largo. El pelo corto
identificaba a los criminales.

Las mujeres mayas llevaban
ropa sencilla de algodón.

Figuras de barro que representan a una
mujer maya (arriba) y a un miembro
de la clase gobernante (izquierda)

A menudo, se tatuaban la
parte superior del cuerpo.
Las mujeres se peinaban con
la raya en el centro y se
hacían trenzas. Las mujeres
nobles lucían joyas elaboradas.

El palacio del gobernador, en Yucatán

Las mujeres mayas podían servir en el gobierno.

Ambos, hombres y mujeres, se limaban los dientes y se ponían placas para los labios en ocasiones especiales.

En esta talladura de un sacerdote maya se puede apreciar la forma de la cabeza que los mayas consideraban atractiva.

NIÑEZ Y JUVENTUD DE LOS MAYAS

Cuatro o cinco días después de nacer la criatura, la mamá la amarraba entre dos tablas. Esto era para hacerle la cabeza más larga y achatada, lo cual era señal de belleza para los mayas.

También los ojos cruzados, o bizcos, se consideraban bellos. A un bebé que nacía bizco, se le consideraba bendito de los dioses. Para hacerle los ojos cruzados a un bebé, la mamá le amarraba al pelo una bolita, para que ésta colgara sobre la punta de la nariz.

Para evitar que le saliera pelo en la cara, la mamá le escaldaba la piel al bebé con trapos muy calientes. Las cicatrices en la cara también eran señal de belleza.

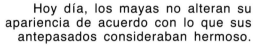
Hoy día, los mayas no alteran su apariencia de acuerdo con lo que sus antepasados consideraban hermoso.

Aunque esas prácticas nos parecen crueles hoy día, los padres mayas querían mucho a sus hijos. De acuerdo con su cultura, sólo trataban de hacer hermosos a sus bebés.

Los padres educaban a sus hijos. Solamente había escuelas para los hijos de los nobles y de los sacerdotes.

MATRIMONIO Y COSTUMBRES

El hombre maya se casaba a la edad de veinte años. Sus padres seleccionaban a la novia entre las jóvenes de la aldea. Luego le pedían a un sacerdote que bendijera el matrimonio y que escogiera un día afortunado para la boda. El padre del novio les daba un regalo a los padres de la novia. Eso sellaba el acuerdo matrimonial.

La "ceremonia" de la boda era una gran fiesta.

La casa maya típica tiene techo de paja y una puerta, pero no tiene ventanas.

Después, el esposo se mudaba a la casa del suegro y trabajaba con él durante siete años. Entonces la pareja podía mudarse a su propia casa.

Cada familia podía usar un pequeño terreno para cultivar

Colmeneros cosechan la miel de abeja.

en él frutas y legumbres.
Las familias se ayudaban
mutuamente en la siembra y
en la cosecha. Cada familia
tenía colmenas de abejas para
miel, y criaba pavos y patos.

El maíz constituía el
alimento principal. Las

Los mayas todavía muelen el maíz (arriba)
y viven en casas con techos de paja (derecha).

mujeres ponían a remojar los
granos de maíz, en agua y
cal, durante la noche. Por
la mañana, molían el maíz.
Usaban el maíz para preparar
muchas comidas. Hacían guisos
con pescado, aves y legumbres.

Las casas de los mayas eran chozas de una sola habitación, de paredes de estuco con techos de paja, sin ventanas, y con una sola puerta. El interior estaba dividido en un área para dormir y otra para trabajar. Las comidas se preparaban al aire libre.

Les encantaban las visitas. El visitante debía llevarle un "regalo de saludo" al anfitrión. Cuando bebían mucho vino, hecho de la miel, resultaban riñas. Las peleas entre familias eran comunes.

ARTE, MUSICA Y BAILE MAYAS

A los mayas les encantaba bailar. Durante los festivales y ceremonias, los hombres formaban un círculo y dos de ellos bailaban en el centro. A las mujeres no se les permitía participar.

El instrumento musical favorito de los mayas era un tambor hecho de un tronco hueco y un parche de cuero.

Un niño toca la marimba, en Guatemala.

También tocaban gongos, silbatos y flautas.

Un juego popular entre los mayas era el *Popol Vuh*. El propósito del juego era meter una pelota de hule, o goma,

Las mujeres hilan (arriba, a la izquierda) y tejen telas (arriba, a la derecha) para venderlas en el mercado. Este mosaico maya en forma de placa (derecha), se exhibe en el Museo de Antropología de la Ciudad de México.

por un aro colocado a media cancha. Los jugadores podían pegarle a la pelota sólo con los pies, las piernas y las caderas.

Los mayas pintaban murales en las paredes y esculpían, o tallaban, estatuas de piedra, de metal o de madera. Hacían magníficas canastas y tejían vistosas telas. También trabajaban el oro y la plata.

RELIGION

Los mayas creían que el mundo había sido creado por muchos dioses. En un momento dado, los dioses emitieron la palabra *tierra* y ésta apareció. El hombre fue hecho de barro, pero resultó tan malvado que fue destruido por un diluvio. Entonces, los dioses enviaron a una pareja de gemelos, quienes conquistaron la maldad. Los gemelos eran vistos como

El dios maya de la lluvia, tallado en piedra.

antepasados de los mayas.

Los mayas adoraban a
centenares de dioses. La
mayoría de éstos eran dioses
de la naturaleza. Los mayas
sacrificaban con regularidad
pájaros y otros animales
pequeños en aras de los dioses.

Los sacrificios humanos y el canibalismo ocurrían con frecuencia en ceremonias religiosas.

La mayor celebración tenía lugar durante Mol, el mes en que se honraba a todos los dioses. Otros días feriados eran la Fiesta de los Guerreros y el Año Nuevo.

Los mayas lanzaban ofrendas al Pozo de los Sacrificios en Chichén Itzá.

El Templo de los Guerreros, en Chichén Itzá.

Los mayas eran muy supersticiosos. Cuando fallecía una persona, el sacerdote tenía que purificar la casa. Creían que los espíritus del mal eran la causa de casi todas las enfermedades y muertes.

EL CALENDARIO MAYA

El calendario maya era extraordinariamente preciso. Tenía 365 días—dieciocho meses de veinte días cada uno. Los cinco días restantes eran "días de mala suerte". En esos días no había ninguna actividad, porque creían que las brujas eran más poderosas.

También había un calendario de 260 días, que servía para planear las actividades diarias. Los astrólogos estudiaban las estrellas y

Día de mercado en un pequeño pueblo de Guatemala (izquierda). Personajes enmascarados (derecha) rememoran la invasión de las tierras mayas por los españoles.

decidían qué días eran de buena suerte y de mala suerte. Ningún maya emprendía un viaje, plantaba su cosecha ni se casaba en un día de mala suerte.

Ruinas de un templo maya en Palenque, México

Los mayas también empleaban un calendario lunar, basado en los ciclos de la luna. Este calendario guiaba las siembras y las cosechas.

LA GUERRA

Hasta la llegada de los españoles, los mayas eran unos de los guerreros más poderosos de esa parte del mundo. De vez en cuando, peleaban unos contra otros, pero se unían cuando se veían amenazados por una fuerza extranjera.

En el combate, usaban arcos, flechas, lanzas y cerbatanas con dardos. Los soldados usaban espadas de palo, hachas de cobre y lanzas cortas.

Chac-Mool, el dios de la lluvia, guarda el Templo de los Guerreros en Chichén-Itzá.

Para atemorizar al enemigo, se pintaban la cara y el cuerpo, y gritaban y silbaban.

Los prisioneros importantes eran sacrificados en aras del dios de la guerra y después comidos.

LOS MAYAS DE HOY

Los mayas han cambiado mucho. En la actualidad, practican el cristianismo. Ya no les deforman la cabeza a los niños, ni los hacen

Esta mujer y su niña, y los dos niños parados delante de una antigua cabeza de piedra maya, son todos descendientes de los antiguos mayas.

Escuela rural de Yucatán (arriba), y una vendedora de legumbres en el mercado al aire libre (derecha)

bizcos. Las mujeres ya no se hacen tatuajes en el cuerpo.

Sin embargo, los mayas conservan muchas de sus tradiciones. Hablan el idioma maya y siguen muchas

Puercos y lechoncitos puestos a la venta en el mercado

de sus antiguas costumbres.
Cultivan las mismas cosechas,
cantan las mismas canciones y
bailan las mismas danzas que
acostumbraban sus antepasados.

PALABRAS QUE DEBES SABER

antepasado—persona de la cual uno desciende, por lo común de varias generaciones atrás

canibalismo—comer carne humana

cerbatana—tubo por el cual se sopla un dardo, usado como arma

civilización—also nivel de cultura, alcanzado a través de los años

estuco—material utilizado para paredes, hecho de arcilla y arena

hambre—sensación causada por la falta de alimento

lanza—arma que consta de una vara, con punta aguda o afilada

mural—fresco, pintura hecha directamente sobre la pared

nobleza—gente de la clase gobernante, en un país o civilización

patio—espacio sin techo, dentro de un edificio

pirámide—edificio antiguo de cuatro paredes unidas en la punta

purificar—limpiar; deshacerse de los malos espíritus

sacerdote—un hombre que práctica ritos religiosos

sacrificio humano—matar a una persona, como rito religioso, y oferecerla a un dios o dioses

supersticioso—que cree en supersticiones, la creencia en magia o espíritus

INDICE

Sobre la autora

Patricia C. McKissack y su esposo, Fredrick son escritores independientes, editores y profesores de composicion. Son dueños y administradores de All-Writing Services, compañia situada en Clayton, Missouri. La señora McKissack, que ha recibido premios como editora, y es autora de varias publicaciones y educadora de vasta experiencia, ha enseñado en varias universidades de la ciudad de St. Louis, incluyendo Lindenwood College, la Universidad de Missouri en St. Louis, y Forest Park Community College.

Desde 1975, la señora McKissack ha publicado numerosos cuentos y artículos para lectores jóvenes y para adultos. También ha conducido breves cursos de trabajo editorial y educacional para numerosas empresas, organizaciones y universidades en diferentes partes del país.

Patricia McKissack es madre de tres hijos adolescentes. La familia vive en una gran casa remodelada, en el centro de la ciudad de St. Louis. Además de sus escritos, que ella considera tanto un pasatiempo como una carrera, la señora McKissack goza cuidando de sus numerosas plantas.